1.ª edición: septiembre 2022

© Del texto: Joan Antoja i Mas / Anna M. Matas i Ros, 2022
© De la ilustración: Anna Baquero, 2022
© De la traducción: Núria Riera i Fernández, 2022
© Grupo Anaya, S. A., 2022
Juan Ignacio Luca de Tena, 15. 28027 Madrid
www.anayainfantilyjuvenil.com
e-mail: anayainfantilyjuvenil@anaya.es

ISBN: 978-84-698-9121-6
Depósito legal: M-17198-2022
Impreso en España - Printed in Spain

PAPEL DE FIBRA
CERTIFICADA

Joan Antoja i Mas / Anna M. Matas i Ros

Locos por los deportes

Gimnasia rítmica

Ilustraciones de Anna Baquero

ANAYA

La **gimnasia rítmica** es, sin duda, uno de
los deportes con el que más disfrutan los espectadores:
música, acrobacias, ritmo, danza… ¡Tiene todos
los elementos de un gran espectáculo!

¿Quieres conocer los secretos de este deporte
que deja a todos con la boca abierta?

¡Te invitamos a descubrirlo!

¿QUÉ NECESITAS?

Hay que llevar
el pelo recogido.

MAILLOT
Es elástico
y se ajusta al
cuerpo para
poder moverse
cómodamente.

PUNTERAS
Protegen los pies.

APARATOS

Cuerda

Es de cáñamo
y tiene nudos en
los extremos.

Cinta

Es de satén y mide
hasta 6 metros. Tiene
una varilla en la punta
para poder manejarla.

Pelota

Tiene el tamaño
adecuado para
apoyarse en la palma
de la mano.

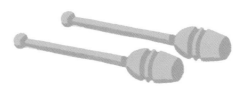

Mazas

Su tamaño depende de
la altura y del nivel
de la gimnasta.
Son de caucho
o de plástico.

Aro

Mide de 80 a
90 centímetros
de diámetro.

9

¿CÓMO SE PRACTICA?

La gimnasia rítmica es un deporte que combina la **danza** con **ejercicios de gimnasia.**

Se hacen **coreografías** acompañadas de **música** y con alguno de los cinco **aparatos.**

Los ejercicios son muy espectaculares, ya que las gimnastas **lanzan los aparatos** varios metros hacia arriba y, antes de recogerlos, dan **saltos** y **giros** o hacen **acrobacias.**

Las campeonas de este deporte son muy **flexibles** y **ágiles.** También son capaces de exhibir una **gran belleza en sus movimientos.**

Existen dos modalidades: la **individual** y la de **grupo,** en la que participan cinco gimnastas.

La actuación **individual** dura entre 1 minuto y 15 segundos y 1 minuto y 30 segundos.

La actuación en **grupo** es un poco más larga: entre 2 minutos y 15 segundos y 2 minutos y 30 segundos.

En las competiciones, los **jueces** puntúan las actuaciones. Para ello, tienen en cuenta la **dificultad**, la **forma como se ejecutan** los ejercicios y su **belleza.**

También se valoran la **originalidad**, la **osadía** durante la actuación y la **coordinación** con la música elegida.

¿DÓNDE SE PRACTICA?

En un **tapiz,** que es la superficie lisa sobre la cual las gimnastas realizan las coreografías.

Es cuadrado, mide **13 metros** de lado y está fabricado con un material parecido a una moqueta.

En las competiciones,
no pueden salir del tapiz
ni la gimnasta ni los aparatos.

Dentro del tapiz, la gimnasta
siempre tiene que **estar en puntas**
y en **constante movimiento.**

¿QUIÉN LA INVENTÓ?

La gimnasia ya se practicaba en el **antiguo Egipto, Grecia** y **Roma,** como se ve en pinturas y mosaicos.

Se considera a **Émile Jaques-Dalcroze** el creador de la gimnasia rítmica. A principios del siglo XX, introdujo la música para inspirar movimientos expresivos y armoniosos.

Años más tarde, en **Alemania,** se comenzaron a incluir aparatos como la pelota o el aro.

El primer **Campeonato del Mundo** se celebró en Budapest en 1963.

Fue declarado **deporte olímpico** en modalidad individual en 1984 (Los Ángeles) y en modalidad de grupo en 1996 (Atlanta).

GIMNASTAS CONOCIDAS

María Jesús Alegre (1957)
Primera española en
conseguir una medalla
(bronce) en un Campeonato
del Mundo (1975).

Carolina Pascual (1976)
Con solo 16 años, ganó
la medalla de plata
en los Juegos Olímpicos
de Barcelona de 1992.

Yevguéniya Kanáyeva (1990)
Campeona del mundo en varias ocasiones, ha ganado dos oros olímpicos (Pekín 2008 y Londres 2012).

Natalia Lavrova (1984-2010)
Ganó dos oros olímpicos (Sídney 2000 y Atenas 2004) y cuatro Campeonatos del Mundo.

¿CUÁLES SON SUS BENEFICIOS?

Potencia la **flexibilidad**.

Refuerza la **musculatura**.

Desarrolla el sentido
de la **belleza**
y de la **armonía**.

Aumenta el **oído musical**
y el **sentido del ritmo**.

Mejora el **equilibrio**, la **coordinación** de movimientos y la **orientación espacial**.

Potencia la **memoria**, la **atención** y la **concentración**.

Fomenta la **convivencia**, el **trabajo en equipo** y el **compañerismo**.

¿QUIERES SABER MÁS?

Dentro de la gimnasia existen otras disciplinas, además de la rítmica:

ARTÍSTICA O DEPORTIVA

Consiste en realizar ejercicios sobre distintos aparatos.

ACROBÁTICA

Se realizan ejercicios gimnásticos en grupo, así como figuras y pirámides humanas.

AERÓBICA

Combina movimientos de alta intensidad con ejercicios de fuerza y de flexibilidad.

DE TRAMPOLÍN

Consiste en realizar series de acrobacias desde una cama elástica.

¿SABÍAS QUE...

... es uno de los deportes **más practicados** en España entre niñas y adolescentes?

... en los últimos años ha aumentado el número de gimnastas **masculinos**?

... existen campeonatos nacionales para personas con **discapacidad intelectual**?

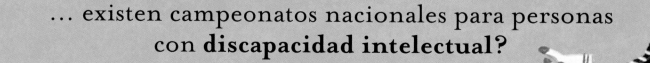

… en algunas competiciones, como los Juegos Olímpicos, **se elimina el aparato de cuerda** en las actuaciones?

… una gimnasta posee hasta **seis veces más elasticidad** que una persona corriente?

… España ganó el **oro** la primera vez que participó en la modalidad de grupo en unos Juegos Olímpicos (Atlanta 1996)?

PONTE A PRUEBA

1. ¿Cuál de estos iconos olímpicos representa la gimnasia rítmica?

2. ¿Cuál de estos aparatos no se utiliza en gimnasia rítmica?

3. ¿Cuál de estas chicas está correctamente vestida para practicar gimnasia rítmica?

4. Solo una de estas frases es correcta. ¿Cuál?

a) La modalidad de grupo la forman seis gimnastas.

b) España ganó el oro en la modalidad de grupo en los Juegos Olímpicos de Atlanta en 1996.

c) La superficie donde se realizan las coreografías se llama tatami.

d) En los campeonatos las actuaciones duran entre 10 y 12 minutos.

¿QUÉ SIGNIFICA?

Acrobacia: ejercicio deportivo muy difícil de realizar.

Ágil: que se mueve rápidamente y con facilidad.

Armonioso: que es agradable de oír, de ver.

Cáñamo: producto vegetal que sirve para hacer zapatillas, cuerdas y cordeles.

Coreografía: pasos y movimientos de una actuación de gimnasia o baile.

Icono: imagen que representa algo.

Juegos Olímpicos: competición deportiva internacional que se celebra cada cuatro años.

Orientación espacial: habilidad que permite moverse y situarse en el espacio donde uno se encuentra.

Satén: tela lisa y brillante.

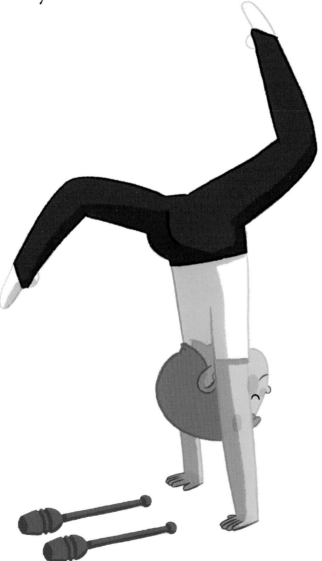